Juntos, cantemos ao Senhor

José Reinaldo F. Martins Filho

Juntos, cantemos ao Senhor

Encontros de reflexão e oração

Dados Internacionais de Catalogação na Publicação (CIP)
(Câmara Brasileira do Livro, SP, Brasil)

Martins Filho, José Reinaldo F.
  Juntos, cantemos ao Senhor : encontros de reflexão e oração / José Reinaldo F. Martins Filho -- São Paulo : Paulinas, 2017. -- (Coleção serviço à vida)

  ISBN: 978-85-356-4320-6

  1. Celebrações litúrgicas 2. Comunhão 3. Espiritualidade 4. Igreja Católica - Liturgia 5. Música litúrgica I. Título. II. Série.

17-06200   CDD-264.2

Índice para catálogo sistemático:
1. Canto litúrgico : Cristianismo   264.2

1ª edição – 2017

1ª reimpressão – 2018

Direção-geral: *Flávia Reginatto*
Editores responsáveis: *Vera Ivanise Bombonatto e Antonio Francisco Lelo*
Coordenação de revisão: *Marina Mendonça*
Copidesque: *Ana Cecilia Mari*
Revisão: *Sandra Sinzato*
Gerente de produção: *Felício Calegaro Neto*
Produção de arte: *Claudio Tito Braghini Junior*

Nenhuma parte desta obra poderá ser reproduzida ou transmitida por qualquer forma e/ou quaisquer meios (eletrônico ou mecânico, incluindo fotocópia e gravação) ou arquivada em qualquer sistema ou banco de dados sem permissão escrita da Editora. Direitos reservados.

Paulinas
Rua Dona Inácia Uchoa, 62
04110-020 – São Paulo – SP (Brasil)
Tel.: (11) 2125-3500
http://www.paulinas.com.br – editora@paulinas.com.br
Telemarketing e SAC: 0800-7010081
© Pia Sociedade Filhas de São Paulo – São Paulo, 2017

Sumário

Cantai-o, todos vós!..7

Cantando em Espírito 11

Cantando o mistério...17

Cantando o silêncio..25

Cantando juntos...33

Cantando a Palavra 41

Cantando o rito..47

Cantando a vida...55

O que cantar?...63

Resumindo...69

Cantai-o, todos vós!

Desde o Concílio Vaticano II tem-se ressaltado a importância de cantarmos *a* liturgia e não cantarmos *na* liturgia. Quem canta *na* liturgia, canta *para* os outros, faz show e chama toda a atenção para si. Diferente é aquele que sabe cantar *a* liturgia, pois se percebe unido aos demais, num só coração e numa só voz; esse último não canta *para* os outros, mas *com* eles, pois se reconhece parte de um todo. Não há, portanto, estrelas ou expectadores, mas o *Corpo Ministerial de Cristo*.

O Mistério Pascal de Cristo é a verdadeira festa da Igreja. Para usarmos dois termos do Concílio, é a *fonte* e o *cume* da nossa fé. Daí que, tudo aquilo que rezamos, fazemos e cantamos na liturgia, sempre permanecerá em estreita união com a centralidade de Cristo, Cabeça.

Como celebração da unidade do Corpo Espiritual/Ministerial de Cristo, toda Celebração litúrgica sempre será espaço privilegiado da comunhão. Seguindo essa lógica, tudo o que venha a ferir a comunhão atenta diretamente contra a liturgia.

Numa boa festa, duas coisas não podem faltar: a comida e a bebida. O mesmo acontece na Eucaristia, que é a grande festa da nossa fé. Nas palavras de Ione Buyst, "uma liturgia sem canto des-encanta". O mesmo Cristo feito alimento – Palavra e Eucaristia – torna-se Palavra cantada e partilhada em comunidade.

Neste pequeno subsídio tomaremos como princípio os três serviços que, segundo Gelineau, são prestados pela música na liturgia: *a)* fornecer à liturgia um *instrumento de celebração* – por exemplo: "[...] antes de ser uma obra literária ou musical, o hino é radicalmente um instrumento coletivo de oração"; *b) viabilizar a festa*: "[...] o que se espera é perceber facilmente a relação entre música e festa [...]"; *c) fazer entender o inaudito*. Daí optarmos por uma pedagogia que ponha em contato a reflexão e a prática, afirmando-se não apenas como um processo de aprendizagem conceitual, mas de reflexão da realidade à luz do que é proposto por cada capítulo, culminando com a experiência de oração.

Cada novo tema é precedido por um fragmento da Sagrada Escritura, com a finalidade de iluminar a leitura e a reflexão do texto que segue. Após essa etapa, que deve ser realizada conforme o ritmo de cada um, sem apressamentos desnecessários, passa-se ao momento da vivência. A essa altura, o conteúdo meditado deve se tornar oração. A repetição dos refrãos orantes, a leitura, os trechos bíblicos, o silêncio, a reflexão e o canto final visam contribuir para essa finalidade. Para facilitar a adesão, todos os refrãos e cantos mencionados foram extraídos do Ofício Divino das Comunidades.

Não por último, é preciso alertar que, apesar de também se constituir em instrumento pessoal de formação, este material foi pensado seguindo uma lógica comunitária. Nesse sentido, propõe que os grupos de canto reservem momentos dedicados à aprendizagem, à reflexão e à oração em conjunto, para que uns possam se beneficiar da experiência dos outros. A vida nos ensina que quem caminha sozinho vai mais rápido, mas somente quem é capaz de caminhar com os outros chega, de fato, longe. Nossa intenção é que juntos possamos chegar às margens do mistério, contemplando-o na Sagrada Liturgia.

Finalizando esta breve introdução, recordamos o que está escrito no número 200 dos Estudos da CNBB, n. 79– *A música litúrgica no Brasil*: "em se tratando de música litúrgica, sua verdade, seu valor, sua graça, não se medem apenas pela sua capacidade de suscitar a participação ativa, nem por seu valor estético-cultural, nem por seu sucesso popular, mas pelo fato de permitir aos crentes implorar os '*Kyrie Eleison*' dos oprimidos, cantar os '*Aleluia*' dos ressuscitados, *sustentar os 'Maranatha'* dos fiéis na esperança do Reino que vem".

Um bom caminho a todos!

Cantando em Espírito

> "O Espírito e a esposa dizem:
> Vem! Aquele que ouve também diga: Vem!"
> (Ap 22,17)

"A nós descei, Divina Luz! A nós descei, Divina Luz!", cantam de Norte a Sul, embalados pela melodia de Reginaldo Veloso. Jovens, crianças, adultos e idosos, unidos por um mesmo espírito, cantam ao Espírito de Deus, sopro de vitalidade, ternura e paz. Unem-se ao fio da história que, tendo passado pelas inúmeras gerações que nos antecederam, alcança também a nós, os homens e as mulheres de hoje.

Antes de tudo, é preciso dizer que o canto litúrgico é um canto espiritual. É o canto dos reconciliados, unidos em "espírito e verdade". É o canto que brota das profundezas do humano, de sua mais recôndita morada interior. É o canto que transcende toda e qualquer limitação, intermediando a relação entre o céu e a terra. Agostinho já havia advertido: "volta para dentro de ti, pois em ti encontra-se a verdade". Eis, pois, a dimensão do espírito, o rastro generoso do

Criador na criatura: soprou-nos em nossas narinas e concedeu-nos vida plena e em abundância. O mesmo Espírito que, na Segunda Aliança, foi derramado sobre os apóstolos, força dos fracos e consolação dos que sofrem.

O canto litúrgico também é um canto espiritual, que brota do espírito e nos eleva ao Espírito. Ou melhor, é canto espiritualizado e que gera espiritualidade. Isso porque espiritualidade também tem a ver com o Espírito, o Espírito de Deus. Em sua Carta aos Efésios, mesmo estando preso, Paulo estimula que os membros da comunidade animem-se uns aos outros "com salmos, hinos e canções espirituais" (cf. Ef 5,19), cantando, de todo coração, àquele que os chamou das trevas com sua luz maravilhosa. Semelhante admoestação encontramos na Carta aos Colossenses: "cantem salmos, hinos e cânticos espirituais; louvem a Deus com gratidão no coração" (Cl 3,16).

É provável que em nenhuma outra época tenha se falado tanto a respeito do Espírito Santo. Apesar disso, também é provável que muitas comunidades ainda não tenham compreendido suficientemente o que significa cantar com espiritualidade. Por um lado, requer a capacidade de nos retirarmos do centro das atenções; de nos reconhecermos como intermediários e não como protagonistas da ação de Deus na história. Por outro, deixar que o Espírito cante em nós de modo algum significa dispensar nossa parcela de esforço e dedicação.

Conta-se que em certa comunidade havia um jovem padre, recentemente ordenado para esse ministério. Antes de cada nova celebração ele se preparava, lia o texto das leituras propostas pelo calendário litúrgico, meditava à luz da realidade em que estava inserido, fazia anotações e preparava a sua homilia. Foi assim por muito tempo, até que uma ideia lhe veio à mente: "que tal se no próximo domingo, ao invés de fazer como sempre, eu deixasse o Espírito Santo falar em mim?!". E assim fez. Não se preparou como de costume e sequer leu previamente as leituras daquela celebração. No momento da reflexão, falou aos quatro cantos. Falou como nunca tinha falado. Os dez minutos habituais dilataram-se em mais de uma hora. Enfim, feliz pela longa pregação, deu a homilia por encerrada e continuou a missa.

Após a bênção final, um homem o aguardava junto à porta da sacristia. Julgando antecipar o que lhe seria dito, soltou logo o vigário: "Ah, você deve estar aqui para me parabenizar pela homilia de hoje. Saiba que hoje deixei o Espírito Santo falar em mim. Foi o Espírito Santo quem pregou hoje". Para sua surpresa, contudo, respondeu o homem: "Pois, então, seu padre, saiba que o senhor prega bem melhor que esse tal Espírito Santo!".

Episódios como esse podem ser mais comuns do que imaginamos, e não apenas com relação às pregações, mas aos demais ministérios exercidos em nossas celebrações. Quantos cantores, julgando deixar tudo a cargo do Espírito, não se reúnem com antecedência para escolher os cantos e ensaiá-los um a um. É claro que o Espírito Santo pode agir em nós. E, de fato, age! Mas não sem que nos preparemos para isso. Uma boa celebração não é feita de improvisos, há muita transpiração nos "bastidores" da festa.

O comodismo e a preguiça atentam contra o Espírito de Deus. Quem se prepara, ao contrário, reconhece a responsabilidade que tem por fazer frutificar os talentos recebidos, não se valendo de prepotência ou de arrogância com relação à comunidade. Quem se prepara, reconhece-se servidor dos demais, no exercício de um ministério que visa contribuir para o fortalecimento de sua própria espiritualidade e da espiritualidade dos outros. Espiritualidade, nesse sentido, supõe esforço e dedicação. Supõe a perseverança de quem experimenta a presença de Deus no cotidiano da vida. Diziam os antigos: "a oração é a vida do coração novo".

Vivência

Refrão orante: "A nós descei, divina luz! *(bis)* Em nossas almas acendei o amor, o amor de Jesus!" *(bis)* (ODC, n. 184).

O refrão pode ser repetido várias vezes, enquanto o grupo vai tomando consciência da ação do Espírito Santo e de sua presença atuante. Aos poucos, a repetição vai se adequando ao movimento natural da respiração. Inspira-se o ar com suavidade pelas narinas. Em seguida, expira-se entoando o refrão orante.

Após um breve momento de silêncio, alguém proclama em voz alta os versículos que seguem:

– "Quando Isabel ouviu a saudação de Maria, a criança pulou de alegria em seu ventre, e Isabel ficou repleta do Espírito Santo" (Lc 1,41).

– "Mas o Defensor, o Espírito Santo que o Pai enviará em meu nome, ele vos ensinará tudo e vos recordará tudo o que eu vos tenho dito" (Jo 14,26).

– "E, tendo dito isso, soprou sobre eles e disse-lhes: 'recebei o Espírito Santo'" (Jo 20,22).

– "A Igreja, entretanto, vivia em paz em toda a Judeia, Galileia e Samaria. Ela se consolidava e andava no temor do Senhor e, com a ajuda do Espírito Santo, crescia em número" (At 9,31).

Segue um momento de silêncio.

Repete-se algumas vezes o refrão orante.

Reflexão: O que entendemos por espiritualidade? O que é o Espírito Santo para nós? Como ele pode agir em nós? O que significa, para nós, cantar "em espírito e em verdade"? Temos nos preparado suficientemente para o exercício do nosso ministério? Como têm sido os nossos ensaios?

Canto final (ODC, n. 188)

Vinde, Espírito de Deus
e enchei os corações
dos fiéis com vossos dons.
cendei neles o amor
como um fogo abrasador,
vos pedimos, ó Senhor.

E cantaremos aleluia!
E a nossa terra renovada ficará;
se o vosso Espírito, Senhor, nos enviais.

Vós unistes tantas gentes,
tantas línguas diferentes,
numa fé, na unidade.
Pra buscar sempre a verdade
e servir o vosso Reino
com a mesma caridade.

Cantando o mistério

> "O mistério que esteve oculto durante épocas
> e gerações, mas que agora foi manifestado."
> (Cl 1,26)

Santo Anselmo ensinava que não é necessário "entender para crer, mas crer para entender". Essa certamente é a perspectiva do mistério, daquilo que não se pode explicar completamente, cuja aproximação deve ser feita por meio de *intermediários*, quer no sentido de instrumentos materiais, quer como mensageiros personificados. Na Sagrada Escritura são abundantes os exemplos da intervenção divina na natureza, como quando Deus falou a Moisés na sarça ardente (Ex 3,1-5) ou com o profeta Elias na brisa suave (1Rs 19,11). De igual modo, são também conhecidos os relatos em que falou ao povo por meio de anjos, nas diversas aparições a Tobias (Tb 11,7-8) ou, mesmo, na passagem da anunciação a Maria, logo na abertura do Evangelho de Lucas.

Particularmente em vista da concepção de sagrado que se tornou preponderante no Ocidente – o sagrado como o *mysterium tremendum* –, é, de fato, necessária a ação de algum intermediário. Isso porque o uso de uma intermediação resguarda ao sagrado a sua face velada. O que não se mostra atrai, seduz e enamora, e assim é o nosso Criador: "seduziste-me, Senhor, e deixei-me seduzir..." (Jr 20,7). Criou-nos por amor e nos atraiu para si, embora pelo pecado tenhamos nos distanciado de seu paraíso originário. Ainda assim, o seu amor continua a nos atrair, alimentando nossa centelha de esperança pelo dia em que estaremos novamente nele, e ele será tudo em todos.

Em seu documento sobre a Palavra de Deus, o Concílio Vaticano II argumenta que "Deus, na sua sabedoria e bondade, quis revelar-se a si mesmo e dar a conhecer o mistério da sua vontade (Ef 1,9), segundo o qual os homens, por meio de Cristo, Verbo encarnado, têm acesso ao Pai no Espírito Santo e se tornam participantes da natureza divina" (*Dei Verbum*, n. 2). Esse é o mistério que festejamos em nossas celebrações, o qual, segundo o Evangelho de Mateus, não foi revelado aos sábios e cultos, mas aos pequeninos (cf. Mt 11,25).

Em cada nova liturgia, temos a oportunidade de celebrar esse mesmo mistério, agora assumido como mistério da nossa fé. Assim, reunidos ao redor do altar, fazemos a experiência do Deus-Trindade que, na pessoa do Filho, assumiu a condição humana, fazendo-se aos homens semelhante.

Reconhecido exteriormente como homem, elevou a nossa condição, restabelecendo, de uma vez por todas, o vínculo outrora abalado. Sua morte numa cruz deu-nos vida em abundância e sua ressurreição inspira a nossa caminhada. Passados mais de dois mil anos desde o evento de sua presença histórica entre nós, ainda hoje permanecemos fiéis ao seu pedido: "fazei isto em minha memória" (Lc 22,19-20).

A liturgia que realizamos é, portanto, a celebração de um Deus feito mistério da nossa fé. Daí a sua centralidade cristológica, pois a festa que celebramos em cada domingo é memória da Vida, Paixão, Morte e Ressurreição do Senhor. O alvorecer daquela sagrada manhã resplandece-nos a cada nova Páscoa dominical. Convertemo-nos ao redor do mistério, nutrindo-nos de sua vitalidade. Dessa vez, somos nós os intermediários de sua presença, manifesta na Palavra que é proclamada, na assembleia que se reúne em seu nome, no ministro que preside por sua autoridade-serviço, no pão e no vinho que se tornam seu corpo e sangue. Somos abraçados pelo mistério de Deus que nos encontra e impele ao encontro com os outros. O que antes poderia ser compreendido como distante é agora próximo; tão próximo a ponto de nos tornar parte de si.

Também a música e o canto, nesse contexto, trazem a marca do mistério. Isso porque conforme o grande teólogo da liturgia, Joseph Gelineau, entre as principais finalidades do canto litúrgico está *fazer entender o inaudito*. Assim como as artes plásticas ajudam a contemplar o invisível – pensemos na iconografia dos cristãos orientais –, a música deve fazer ouvir o inaudito, provocando admiração e encantamento, mobilizando todo o nosso corpo e o nosso espírito. Não significa, contudo, que deve ser sobremaneira difícil. Muito pelo contrário. Simplicidade aqui é sinônimo de profundidade. Para os medievais, a categoria do simples era tida como o modo de ser de Deus. Noutras palavras, o simples é o pleno, é o total, é o todo. Em sua simplicidade, a música litúrgica se torna uma fonte inesgotável de oração, uma música que não é egoísta, nem egocêntrica, mas consciente de seu papel de comunicar o mistério.

No entanto, para alcançar o mistério não basta cantar. É preciso cantar bem, isto é, saboreando espiritualmente o que se canta. É preciso que o canto evolua rumo ao transcendente, como diálogo e comunhão com o sagrado. Deve fazer-nos tomar parte no mistério de Deus, conteúdo mais pleno da fé que celebramos. Como tudo na vida, para que isso seja possível, é preciso esforço e aprendizado; um caminho pedagógico que nos auxilie na passagem do sinal material (o canto com sua melodia, ritmo, texto etc.) para a realidade espiritual significada e realizada por seu intermédio.

Nesse sentido, um bom auxílio encontramos no método mistagógico. Como a própria palavra já indica, *mistagogia* diz respeito a mistério, à liturgia entendida como celebração do mistério de Deus que se revelou ao longo da história da salvação. Por conseguinte, *mistagogo* é aquele que, tendo feito a experiência desse mistério, pode conduzir aos outros. No sentido original é a própria liturgia que exerce essa função. Pela participação na ação ritual somos introduzidos, ou seja, iniciados, mergulhados no Mistério Pascal de Cristo. Mistagogia é, por isso, experiência. O que a Palavra anuncia e a teologia explica, a liturgia oferece à experiência, numa comunhão-comunicação, na qual toma parte toda a assembleia. Mais que meros cantores e/ou instrumentistas, somos chamados a ser mistagogos – e isso é desafiador!

Para terminar é preciso dizer que, além de estar aberto à ação do Espírito de Deus, o futuro mistagogo deve possuir algumas características, entre as quais vale a pena mencionar: sensibilidade simbólica e conhecimento musical razoável, afinação, conhecimento litúrgico adquirido pela participação atenta, consciente e mística, conhecimento bíblico, escuta e observação atenta e espiritual da realidade e, o que talvez seja o mais importante, sensibilidade pedagógica de quem transmite o que sabe no espírito de Jesus Cristo.

Vivência

Refrão orante: "Vós sois o mistério, Senhor, nós vos contemplamos no amor" (ODC, n. 334).

O refrão pode ser repetido várias vezes, enquanto o grupo vai tomando consciência da ação do Espírito Santo e de sua presença atuante. Aos poucos, a repetição vai se adequando ao movimento natural da respiração. Inspira-se o ar com suavidade pelas narinas. Em seguida, expira-se entoando o refrão orante.

Após um breve momento de silêncio, alguém proclama em voz alta os versículos que seguem:

– "Ao contrário, falamos da sabedoria de Deus, do mistério que estava oculto, o qual Deus preordenou, antes do princípio dos tempos, para a nossa glória" (1Cor 2,7).

– "Esse mistério não foi dado a conhecer aos homens de outras gerações, mas agora foi revelado pelo Espírito aos santos apóstolos e profetas de Deus" (Ef 3,5).

– "A ele quis Deus dar a conhecer entre os gentios a gloriosa riqueza deste mistério, que é Cristo em vocês, a esperança da glória" (Cl 1,27).

Segue um momento de silêncio.

Repete-se algumas vezes o refrão orante.

Para refletir: O que entendemos a respeito do mistério? Em que consiste o Mistério da nossa fé? De que modo o nosso canto pode nos ajudar a cantar o mistério que celebramos? Como contribuir para que os demais membros de nossa comunidade também experimentem o mistério de Deus na liturgia? Como anda a nossa sensibilidade – concentração, preparo, sobriedade nos gestos e no volume do som – com relação ao serviço que prestamos à assembleia?

Canto final (ODC, n. 429)

Vós sois o mistério, Senhor!
Nós vos contemplamos no amor. (bis)

Vinde, Espírito Santo, vós sois o amor do Pai
e do Filho, o Espírito de comunhão.

Vinde, Espírito Santo, vós sois o mistério de amor,
que dá vida e fecundidade.

Vinde, Espírito Santo, vós sois a luz que nos ilumina
e nos aquece no seu fogo abrasador.

Cantando o silêncio

"Cala-te, e eu te ensinarei a Sabedoria."
(Jó 33,33b)

Como diria o poeta, o silêncio é a linguagem da alma, é a palavra não dita, é a verdadeira sabedoria dos sábios. O silêncio é a morada do mistério. Às vezes, assusta ou incomoda. É evitado por alguns, e serve de subterfúgio para outros. É janela para profundezas nunca antes exploradas, abertura para o mundo mágico interior. Do silêncio nasce a palavra, sendo, então, proclamada. Nesse sentido, o silêncio também fala. Fala pela palavra não dita, guardada, refletida, ruminada, ressignificada, tornada sonoridade. Ele é receptor e dispensário de sentidos e significados. Perceber o mistério, particularmente o mistério da nossa fé, exige a capacidade de silenciar-se para o que há de periférico. Não um silêncio meramente exterior, mas íntimo e interior.

Em se tratando da liturgia, o silêncio não deve ser compreendido como um mero tempo de mutismo ou espera vazia entre um rito e outro. Ao contrário, é condição para o encontro com os outros e com o grande Outro. Vale a pena insistir: enquanto guardião do mistério, o silêncio é sempre prenhe do *encontro*. Em primeiro lugar, um encontro consigo mesmo, como podemos extrair do exemplo de Agostinho. Antes de sua conversão, o futuro bispo de Hipona dedicava-se à procura da verdade. Voltava-se, para isso, às aventuras exteriores, procurando fora o que, na verdade, já estava dentro. Tal caminho não fora fácil: julgava poder encontrar a verdade que procurava no prestígio social, na carreira, nas propriedades, nas insistentes promessas de felicidade imediata. No entanto, tudo isso só lhe trouxe tristeza, insucessos, desilusão, sentimentos que apenas foram superados por sua radical mudança de perspectiva. A verdade não estava fora, mas dentro de si. A verdade era o próprio Deus, alcançado pela oração. O silêncio, nesse processo, é força propulsora de interioridade – ou, nas palavras de Agostinho, "pura fonte de espiritualidade". É a melhor forma de se preparar para o encontro com Deus.

Na liturgia o silêncio também é participação frutuosa e plena. Não, porém, um silêncio passivo e disperso, mas o que supõe um centro, uma referência a partir da qual produz sentido. A pedagogia litúrgica serve-se do silêncio para que a assembleia se integre mais intimamente "ao mistério que celebra, em virtude das disposições interiores que derivam da palavra de Deus que se escuta, dos cantos e das orações, e da união espiritual com o sacerdote" (cf. *Musicam Sacram*). A *Sacrosanctum Concilium* menciona várias vezes a necessidade de momentos de silêncio, sejam ele antes do início da celebração, entre e após as leituras, sejam após a comunhão. O silêncio realmente está entre os elementos de maior valor na Celebração litúrgica, constituindo-se em uma das formas mais expressivas de nossa participação. Toda comunicação requer alternância entre sons e silêncios. É no silêncio que o outro se desvela como outro que é, dando-se a compreender. O espaço silencioso entre uma palavra e outra, entre um som e outro, torna-se oportunidade de entendimento, reflexão, compreensão.

Parece cada vez mais difícil perceber a força comunicadora do silêncio em nossas assembleias litúrgicas. Para alguns, silêncio tornou-se sinônimo de equívoco, de engano. Conta-se que em uma determinada comunidade os membros da equipe de liturgia se reuniram para preparar a celebração do domingo seguinte. Já cansados do excessivo barulho ao qual eram submetidos continuamente, resolveram intensificar os espaços de silêncio da celebração que preparavam. Chegado o domingo, a liturgia transcorria envolvida num profundo e significativo silêncio. Terminado o salmo responsorial, todos silenciaram por um instante. Foi então que, sem entender o que acontecia, um homem se levantou do meio da assembleia, dirigiu-se ao ambão e disse: "Se ninguém vai fazer a leitura, deixem que eu mesmo faço!". Não houve mais o que fazer, o transtorno já estava instaurado.

A ausência de silêncios em nossas celebrações pode gerar situações inusitadas como essa. É espantoso o número de pessoas que afirmam participarem da missa e saírem sem a impressão de terem rezado. Daí que seja urgente reaprendermos o real sentido do silêncio na liturgia, o que certamente também envolve o canto e a música. É preciso, noutras palavras, encontrarmos o melhor modo de *cantarmos o silêncio*. Os antigos monges do deserto recomendavam: se a música não constrói naturalmente o silêncio, que ela se cale! Se o canto e os instrumentos sonoros não constroem o silêncio, que sejam calados. Em casos como esses, é melhor o silêncio pelo silêncio. Algo de semelhante encontramos na admoestação de Joseph Gelineau: a música litúrgica deve se tornar uma fonte inesgotável de oração, uma música que não é cheia de si mesma, mas portadora de silêncio. Aliás, o primeiro passo para se cantar em grupo é o silêncio. Saber silenciar-se e reconhecer o papel do outro. Do silêncio nasce o canto em comum: "unidos ao coro dos reconciliados, cantamos a uma só voz!". O barulho, definitivamente, não ajuda a rezar.

Representada por seus bispos, a Igreja no Brasil alerta para a necessidade de uma revalorização do silêncio dentro de nossas liturgias que, em face dos últimos anos, passaram de um acontecimento silencioso a uma vivência por demais barulhenta. Grande é a responsabilidade de encontrarmos um equilíbrio entre sons e silêncios – um desafio ainda maior para nós, ministros do canto e da música.

Para encerrar nossa reflexão, gostaríamos de mencionar o que diz Faustino Paludo: *"iludem-se os que ainda pensam que celebra com maior intensidade quem mais fala, comenta, canta, faz barulho, movimenta-se, aplaude, ri, chora e dança. O desafio está em reconhecer que, em meio a tantos ruídos, perde-se a profundidade do que se fala, do que se canta, da ação que se realiza"*. Que o silêncio salve as nossas celebrações.

Vivência

Refrão orante: "Suba, Senhor, nosso louvor! Como fumaça perfumada. Adoração, no silêncio espalhada" (ODC, n. 331).

O refrão pode ser repetido várias vezes, enquanto o grupo vai tomando consciência da ação do Espírito Santo e de sua presença atuante. Aos poucos, a repetição vai se adequando ao movimento natural da respiração. Inspira-se o ar com suavidade pelas narinas. Em seguida, expira-se entoando o refrão orante.

Após um breve momento de silêncio, alguém proclama em voz alta os versículos que seguem:

– "Então veio um vento fortíssimo que separou os montes e esmigalhou as rochas diante do Senhor, mas o Senhor não estava no vento. Depois do vento houve um terremoto, mas o Senhor não estava no terremoto. Depois do terremoto houve um fogo, mas o Senhor não estava nele. E depois do fogo houve o murmúrio de uma brisa suave" (1Rs 19,11-12).

– "O Senhor, porém, está em seu santo templo; diante dele fique em silêncio toda a terra" (Hab 2,20).

– "Toda a assembleia ficou em silêncio, enquanto ouvia Barnabé e Paulo falando de todos os sinais e maravilhas que, por meio deles, Deus fizera entre os gentios" (At 15,12).

– "Quando ele abriu o sétimo selo, houve silêncio nos céus cerca de meia hora" (Ap 8,1).

Segue um momento de silêncio.

Repete-se algumas vezes o refrão orante.

Para refletir: O que pensamos a respeito do silêncio? Como o silêncio tem sido cultivado em nossas celebrações? Nosso canto e nossa música têm contribuído na construção de uma mística do silêncio? Em que nossa música se distingue das demais propagadas pelos meios de comunicação? Temos dedicado algum espaço para o silêncio em nossos ensaios e celebrações? O que pensar com respeito ao excesso de palmas, microfones e instrumentos com volume intenso, conversas e risos paralelos em nossas liturgias?

Canto final (ODC, n. 163)

Silêncio na tarde da espera,
espera do que acontecer.
O vento soprando de manso,
de manso vem o amanhecer.
Na aurora as cores da vida,
da vida que está pra nascer,
uma treva envolvente da noite,
a noite que vai se render.

Vai passar, vai passar,
Vai passar, o dia vai chegar!

A luz que no escuro esclarece
esclarece o que não dá pra ver,
brilha no amor dos teus olhos:
a vida que está pra nascer.
Um dia em que o sol não se esconda,
um dia haverá de chegar.
Se o dia a noite espanta,
da noite pra luz vai passar.
Aleluia, aleluia. *(bis)*

Cantando juntos

> "Onde dois ou três estiverem reunidos
> em eu nome, eu estou ali, no meio deles."
> (Mt 18,20)

A respeito do canto litúrgico, podemos ainda recordar quais são os seus fundamentos constitutivos. De forma geral, julgamos reduzir todos os itens elencados pelos documentos do magistério a esse respeito em três pontos fundamentais. Caso algum desses pontos venha a faltar, toda a estrutura cai por terra. Daí serem três, e não quatro como geralmente se encontra por aí. Ambos os três equivalem-se em primazia, embora pedagogicamente devamos reconhecer o aspecto comunitário como sendo o primeiro deles.

Em seu livro *Louvai a Deus com a arte*, o Papa Bento XVI nos presenteia com interessantes reflexões acerca do canto e da música em nossas liturgias, partindo de sua inserção no horizonte da palavra cantada, passando pela dimensão ritual e culminando em alguns comentários sobre peças específicas da música clássica ocidental. Entretanto, apesar de o livro, por sua qualidade, exercer em nós um verdadeiro encantamento, não foram os comentários teológicos que nos chamaram especial atenção, mas o que aparece logo na introdução, a respeito da atual situação de nossas comunidades eclesiais. Para muitos, nosso maior problema referente à dimensão musical consiste na falta de pessoas habilitadas em teoria musical e, consequentemente, na escassez de instrumentistas, compositores etc. Entretanto, não é essa a conclusão indicada por Bento XVI, cuja afirmação categórica é impressionante: "não basta sabermos teoria musical, não basta sabermos tocar um ou vários instrumentos, é preciso que aprendamos a cantar juntos, pois, a partir de nosso canto comum, conseguiremos levar a vida em comunidade". É claro que aqui optamos por uma tradução do sentido, e não apenas do significado literal de cada palavra. Ainda assim, soa-nos impactante.

Se, por um lado, sustentamos que o canto litúrgico é, eminentemente, um canto comunitário, que brota da vida e das experiências de determinada comunidade, reconhecemos, por outro, que a época atual traz a marca do enfraquecimento do nosso "canto em comum", sufocado pela imposição de modismos e ideologias próprios à experiência de alguns grupos pretensamente eclesiais – embora aparentemente desconheçam a essencialidade comunitária do cristianismo. Não há cristianismo que dispense a dimensão comunitária da fé. Aliás, a máxima potência dessa experiência é a referência cristã de um Deus-comunidade: Pai, Filho e Espírito Santo. Na verdade, pelo fato de a crença em um Deus que é, simultaneamente, uno e trino tocar o núcleo identitário do cristianismo, podemos mesmo dizer que toda a teologia cristã, faça-o de modo explícito ou não, é de matriz comunitária – pois o próprio cristianismo assim o é. Segundo o *Catecismo da Igreja Católica*, "existe uma certa semelhança entre a unidade das pessoas divinas e a fraternidade que os homens devem instaurar entre si, na verdade e no amor" (n. 1878). Por isso, nossa pastoral, nossa oração, nossa vocação, nossa vida de maneira geral, sempre trarão o selo da comunidade, e o canto de nossas liturgias ocupa aqui um importante papel de reforço: "(...) antes de ser uma obra literária ou musical, o hino é radicalmente um *instrumento coletivo de oração*" (Pe. Gelineau).

Desde o Concílio Vaticano II, a liturgia é entendida como ação da Igreja, ação do povo de Deus e, por isso, ação da comunidade reunida ao redor do altar. Disso resulta a participação ativa, plena e consciente por parte de todos. Logo, reduzir a liturgia a mero dizer ou ação individuais significa comprometer a essencialidade do mistério celebrado. Significa impedir que a ação de Deus frutifique em nós, renovando hoje o espírito das primeiras comunidades cristãs: "todos os que abraçavam a fé viviam unidos e possuíam tudo em comum"

(At 2,44). A comunidade cristã, família dos batizados e renascidos em Cristo, deve ser nutrida pelo amor fraterno, contra todo ódio e discórdia, na qual os fardos são compartilhados, os pobres amparados, os tristes consolados, os presos visitados, os doentes socorridos em sua dor. Assim é a comunidade viva, prenúncio das alegrias do céu, concretização do Reino de Deus entre nós: "pois o Reino de Deus não é comida e bebida, mas é justiça e paz e alegria no Espírito Santo" (Rm 14,17).

Além disso, a música litúrgica, à sua maneira, traduz a natureza sacramental da Igreja, o Corpo Místico de Cristo, na diversidade de membros, ministérios e dons, convertidos em um só Espírito: "há diversidade de dons, mas o Espírito é o mesmo. Há diversidade de ministérios, mas o Senhor é o mesmo. Há diferentes atividades, mas é o mesmo Deus que realiza tudo em todos" (1Cor 12,4-6). Como o Concílio Vaticano II nos ensina, a comunidade também é o lugar privilegiado de manifestação da presença de Cristo. Ele que está presente "quando a Igreja reza e canta", como prometeu: "onde estiverem dois ou três reunidos em meu nome, eis que estou no meio deles" (Mt 18,20). Nosso canto em comum traz, então, o traço distintivo da participação comunitária. Reflete o direito de todo cristão, por força de seu sacerdócio batismal, de expressar-se como assembleia que celebra, louvando e agradecendo, suplicando e oferecendo-se por Cristo, com Cristo e em Cristo, na unidade do Espírito.

Enfim, a música litúrgica deve traduzir-se como fruto da inspiração de quem vive e convive no seio de uma comunidade. Nesse sentido, a boca não apenas anuncia o que faz transbordar o coração, mas também a dura realidade que traz sob os pés. Não há comunidade fora de um contexto social específico. À vista disso, a presença da comunidade cristã deve operar uma profunda transformação, transformação essa que também transparece no seu canto em comum. Os gêneros musicais – com suas variantes de região para região – serão sempre bem-vindos, desde que respeitem e se adéquem ao mistério celebrado, revistam-se de simplicidade e beleza, sejam acessíveis a todos e facilitem o canto comunitário e traduzam a verdade cultural da comunidade em que se inserem. Situada numa experiência concreta e entendida em seu aspecto comunitário, a liturgia acontecerá como obra do Corpo Místico de Cristo.

Vivência

Refrão orante: "Reúne teu povo, Senhor nosso Deus, reúne os eleitos de toda a terra. Para viver a união do Espírito Santo, teu dom. Para louvar, bendizer e cantar teu amor" (ODC, n. 84).

O refrão pode ser repetido várias vezes, enquanto o grupo vai tomando consciência da ação do Espírito Santo e de sua presença atuante. Aos poucos, a repetição vai se adequando ao movimento natural da respiração. Inspira-se o ar com suavidade pelas narinas. Em seguida, expira-se entoando o refrão orante.

Após um breve momento de silêncio, alguém proclama em voz alta os versículos que seguem:

– "Dize a toda a comunidade dos israelitas: aproximai-vos do Senhor, pois ele atendeu as vossas queixas" (Ex 16,9).

– "Todos os que abraçavam a fé viviam unidos e possuíam tudo em comum; vendiam suas propriedades e seus bens e repartiam o dinheiro entre todos, conforme a necessidade de cada um. Perseverantes e bem unidos, frequentavam diariamente o templo, partiam o pão pelas casas e tomavam a refeição com alegria e simplicidade de coração" (At 2,44-46).

– "Como o corpo é um, embora tenha muitos membros, e como todos os membros do corpo, embora sejam muitos, formam um só corpo, assim também acontece com Cristo. De fato, todos nós, judeus ou gregos, escravos ou livres, fomos batizados num só Espírito, para formarmos um só corpo" (1Cor 12,12-13).

Segue um momento de silêncio.

Repete-se algumas vezes o refrão orante.

Para refletir: Como era a experiência das primeiras comunidades cristãs? O que significa a dimensão comunitária para nós? Quais elementos nos ajudam a reconhecer a dinâmica da comunidade entre nós? Como o nosso canto pode evidenciar a liturgia como celebração da comunidade?

Canto final (ODC, n. 382)

Nós somos muitos, mas formamos um só corpo
que é o coro do Senhor, a sua Igreja,
pois todos nós participamos
do mesmo pão da unidade,
que é o Corpo do Senhor, a comunhão.

O pão que reunidos nós partimos
é a participação do corpo do Senhor.

O cálice por nós abençoado
é a nossa comunhão no sangue do Senhor.

Cantando a Palavra

> "Reta é a Palavra do Senhor
> e tudo o que ele faz merece fé."
> (Sl 32,4)

"O texto religioso já era cantado muito antes de ser escrito", afirma Hans Küng em seu livro sobre música e religião. De fato, para os estudiosos da antropologia, a música constitui uma das primeiras formas de manifestação do ser humano; antes, sobretudo, de qualquer modalidade formal da linguagem, seja em seu aprimoramento oral ou, particularmente, escrito. Nesse sentido, antes de ser caligrafia anotada em algum material, a Palavra foi oralidade, tradição de um povo que pouco a pouco ganhou força e vigor. As passagens mais antigas da Bíblia provavelmente são fragmentos de cantos primitivos.

Em nossas celebrações, celebrações da nossa fé, a Palavra de Deus, acolhida com amor por aqueles que nos antecederam ao longo da história e legada a nós como herança de salvação, deve ser entendida como um componente essencial. É o próprio Deus que se revela em sua Palavra. Ele nos fala nos ritos, nos símbolos, na pessoa do nosso irmão e, de maneira privilegiada, em sua Palavra. A liturgia é, assim, ação inspirada na Palavra de Deus.

Por inspiração aqui não entendemos a referência de uma ou outra palavra. Do mesmo modo que a Bíblia pode ser instrumento de esperança e de conversão, mãos desonestas poderiam manipulá-la em face de interesses contrários à fé. Em casos como esse, não se trata de uma vida pautada na Palavra, mas de forçar a Palavra a responder vontades muitas vezes mesquinhas e individualistas. O mesmo pode ocorrer, vale a pena repetir, em se tratando de nossas composições litúrgicas. Ao dizermos que toda a liturgia é ação inspirada na Palavra de Deus, não indicamos mera configuração a uma ou outra intuição bíblica. Muitos cantos, pretensamente inspirados na Palavra de Deus, fogem muito de sua inspiração original, inclusive contradizendo-a em algum momento. Não é porque em um canto aparece a palavra amor que, necessariamente, devemos considerá-lo bíblico. Em alguns momentos da liturgia, aliás, somos convidados a cantar o texto bíblico literalmente. Entre outros exemplos, poderíamos citar o Salmo responsorial, canto integrante da Liturgia da Palavra, ou o Santo, hino inspirado em dois trechos da Sagrada Escritura, um do Antigo Testamento e outro do Novo. Houve uma época em que se incentivava a substituição do Salmo por um canto de meditação. Hoje, contudo, sabemos que esse não é o caminho mais adequado, especialmente levando em conta que se trata de um trecho da Palavra de Deus. O mesmo vale para o Santo e os demais cantos rituais cuja letra inspira-se no texto bíblico. Não é a Palavra de Deus que deve modificar-se em função de nosso mero querer. Ao contrário, somos nós que nos devemos transformar pelo fecundo encontro com Cristo-Palavra.

"A Palavra se fez carne e habitou entre nós" (Jo 1,14). O "Verbo" de Deus, feito sonoridade, torna-se, então, homem entre homens. Há uma íntima relação entre a Palavra e o canto. Isso porque o canto é, antes de tudo, palavra que desabrocha em sonoridade, melodia e ritmo. Por isso, Palavra e canto encontram unidade no fato de tanto a celebração da fé quanto o canto serem expressões do louvor – nesse caso, o louvor da assembleia congregada pelo Espírito. Quando o salmista entoa as estrofes do Salmo e a assembleia participa do refrão, a presença de Cristo-Palavra se renova no meio da assembleia. Vários Padres da Igreja realçaram esse efeito positivo do canto da assembleia. São João Crisóstomo, por exemplo, dizia que "desde que o Salmo cai no meio de nós, ele reúne as vozes diversas e forma de todas elas um cântico harmonioso: jovens e velhos, ricos e pobres, mulheres e homens, escravos e livres, fomos arrastados em uma só melodia". O canto da assembleia também é algo que sempre esteve presente nos textos de Agostinho, como revela em suas *Confissões*:

> com exceção dos momentos em que se fazem as leituras, em que se prega, em que o bispo reza em alta voz, em que o diácono inicia a ladainha da prece comum, existe algum instante em que os fiéis reunidos na igreja não devam cantar? Na verdade, não vejo o que eles poderiam fazer de melhor.

Algo de semelhante diria Proclo, sobre os Salmos:

> saudável é sempre o canto dos Salmos, o qual acalma com o mel de sua melodia os afetos desordenados. Como a podadeira para os espinhos, assim é o Salmo para a tristeza. Pois o Salmo suavemente cantado amputa as dores do espírito, corta pela raiz a tristeza, limpa-a de toda perturbação, recria os oprimidos pela dor, provoca a compunção nos pecadores, excita à piedade.

A música litúrgica que hoje cantamos em nossas celebrações está enraizada na longa tradição bíblico-litúrgica judaica e cristã. Dessa fonte recebe o seu conteúdo vital, sua identidade, seu jeito de ser e de rezar. Ao que parece, as composições com inspiração bíblica foram as que mais visivelmente alcançaram as assembleias celebrantes. Isso contribui para a dimensão pedagógica da liturgia, de levar a comunidade a penetrar sempre mais profundamente o Mistério Pascal de Cristo. Dispondo-se ao serviço da Palavra, a música litúrgica empresta-lhe sua força de expressão e motivação. Realça-lhe o sentido e facilita a oração. Não é uma música arrogante e centralizadora das atenções, mas instrumento de comunicação da Palavra.

Vivência

Refrão orante: "Que arda como brasa, tua Palavra nos renove, esta chama que a boca proclama" (ODC, n. 327).

O refrão pode ser repetido várias vezes, enquanto o grupo vai tomando consciência da ação do Espírito Santo e de sua presença atuante. Aos poucos, a repetição vai se adequando ao movimento natural da respiração. Inspira-se o ar com suavidade pelas narinas. Em seguida, expira-se entoando o refrão orante.

Após um breve momento de silêncio, alguém proclama em voz alta os versículos do Salmo que segue:

"Dai graças ao Senhor ao som da harpa,
na lira de dez cordas celebrai-o!
Cantai para o Senhor um canto novo,
com arte sustentai a louvação!
Pois reta é a Palavra do Senhor,

e tudo o que ele faz merece fé.
Deus ama o direito e a justiça,
transborda em toda a terra a sua graça.
A Palavra do Senhor criou os céus,
e o sopro de seus lábios as estrelas.
Sobre nós venha, Senhor, a vossa graça,
da mesma forma que em vós nós esperamos" (Sl 32,2-6.22).

Segue um momento de silêncio.

Repete-se algumas vezes o refrão orante.

Para refletir: O que representa para nós a Palavra de Deus? Em que medida a Palavra de Deus tem exercido influência em nossa vida, em nossas decisões? Nosso canto tem contribuído para a escuta atenta da Palavra? Que elementos podemos melhorar a fim de que nosso canto se torne comunicação da Palavra?

Canto final (ODC, n. 322)

A Palavra de Deus é luz,
que nos guia na escuridão:
É semente de paz, de justiça e perdão! (bis)

Que a tua Palavra, Senhor, renove o nosso coração, fortifique a nossa esperança e nos faça viver como irmãos!

Cantando o rito

"De todo coração darei graças ao Senhor,
na reunião dos justos e na assembleia."
(Sl 111,1)

A música litúrgica é uma música ritual, isto é, ela possui um caráter eminentemente funcional, precisando adequar-se à especificidade dos momentos ou elementos rituais de cada tipo de celebração, à originalidade de cada tempo litúrgico, à singularidade de cada festa. Trata-se de uma ritualidade inerente a cada celebração e seus diferentes ritos, mas que também se estende à lógica do ano litúrgico como um todo. Como dissemos de início, continuamente estará a serviço da centralidade do Mistério Pascal de Cristo, embora algumas vezes este seja transmitido pelo prisma de um acontecimento específico ou pela recordação de algum importante testemunho na história da salvação. Assim, mesmo nas celebrações dedicadas a Virgem Maria e/ou aos santos, sempre se celebra o mesmo e único mistério da fé, vislumbrado, nesses casos, pelos exemplos específicos que são evocados.

Constituindo-se como o rito cantado, a música litúrgica deve estar intimamente ligada à ação ritual a ser realizada, quer exprimindo mais suavemente a oração, quer favorecendo a unanimidade, quer, enfim, dando maior solenidade aos ritos sagrados. Para isso, sempre priorizará o texto do rito. É o rito que se torna canto, e não o oposto. Sua linguagem poética deve ajustar-se ao caráter simbólico da liturgia, como experiência de oração comunitária. Para isso, deverá distanciar-se de modismos, chavões, textos de cunho doutrinário, catequético ou ideológico.

A música como rito concretiza-se no contexto do mistério, já posterior às etapas do anúncio, da conversão e da formação. Os ritos não permitem explicação, são puro fazer movido pelo Espírito de Deus. A mente alcança até onde pode e a fé se encarrega de transcender rumo ao Eterno, sendo por ele mesmo impelida. A essa altura, rito e canto deverão realizar uma perfeita simbiose (combinação vital), fortalecendo os laços de unidade e permitindo que os louvores da assembleia congregada cheguem àquele a quem se dirigem.

Conforme nos ensina o Concílio Vaticano II, toda música será tanto mais litúrgica, quanto mais intimamente estiver ligada à ação e ao momento ritual ao qual se destina. De forma simplificada, estamos diante da necessidade de articulação entre rito e repertório, tendo ambos os conceitos uma comum origem semântica. Isso porque rito tem a ver com *rythmus*, palavra grega cujo sentido remete ao modo de fazer das coisas cotidianas. Trata-se da mesma expressão da qual derivou o termo "ritmo", tal como o concebemos em seu uso musical. Levando em conta a interpretação grega, tanto rito quanto ritmo supõem a repetição, a periodicidade dos eventos, a constância dos acontecimentos. Assim, nossa vida é repleta de ritos, entendidos como hábito adquirido pela constante reprodução de alguns padrões comportamentais: acordar, escovar os dentes, tomar café da manhã, ir para o trabalho... (comportamentos sociais repetitivos e/ou estereotipados, práticas sociais coletivas e individuais, relações públicas e privadas etc.). Para Van der Poel, "a repetição é essencial no rito, pois na repetição o velho e o novo se unem". O rito, então, nos ajuda a contrapor o velho e o novo, já que o velho pode ser semente de algo novo.

No tocante à liturgia, entendemos por ritos os diferentes momentos que integram as celebrações litúrgicas. Na missa, por exemplo, podemos claramente verificar a distinção entre os Ritos iniciais, os Ritos finais, a Liturgia da Palavra e a Liturgia eucarística. Cada um desses ritos, por sua vez, é composto por diversos elementos, tais como, nos Ritos de entrada: *a)* a antífona ou canto de abertura; *b)* o sinal da cruz e a saudação inicial por parte do presidente da celebração; *c)* o ato penitencial e o *Kyrie*; *d)* o hino de louvor (Glória); *e)* e a oração (à qual se denomina *Coleta*).

Por conseguinte, em toda essa prática de tocar e cantar há cantos cuja importância se prende ao fato de acompanharem determinada ação ritual, "dando-lhe maior brilho e força de significação, promovendo a participação animada e prazerosa da assembleia". Nesse sentido, há cantos que não constituem o rito propriamente dito e cuja tarefa não é outra senão introduzir a ação ritual, acompanhando-a ou sucedendo-a. Aqui se enquadram cantos processionais como o de abertura, o da comunhão, o da preparação das oferendas e, ainda, cantos litânicos como o Cordeiro de Deus, que acompanha o rito da Fração do Pão. Apesar de não constituírem o rito, inserem-se no que é "próprio" da celebração, mantendo, por isso, sua fidelidade ao âmbito da liturgia.

Como temos insistido, o canto litúrgico não é mero artifício em nossas celebrações, mas cumpre sua função ministerial, na medida em que constitui ou acompanha determinada ação ritual. Há, então, casos em que os próprios cantos são o rito, ou melhor, em que o rito é realizado através do canto. Isso porque é o texto do rito que é cantado. Aqui se inscrevem o Hino de louvor (Glória), o Aleluia, o Santo, o Amém, a Aclamação memorial e todas as outras partes cantadas do Ordinário da missa, sejam elas exclusivas do presidente ou com a participação da assembleia. Todos esses cantos se baseiam no texto oficial da liturgia, que deve ser preservado acima de tudo. Exercendo sua função ritual, colocam-se a serviço daquilo que a liturgia celebra.

Há, ainda, alguns cantos chamados suplementares, para os quais não existe uma norma específica. Essa categoria inclui composições para as quais não há um texto previsto nos livros oficiais. A rigor, são componentes facultativos da celebração. Segundo o documento de estudos número 79 da CNBB, sobre a *Música litúrgica no Brasil*, nessa categoria de cantos podem ser inscritos: *a)* o canto de louvor após a comunhão, que não é necessário e sequer desejado quando já houve o canto de comunhão, dando lugar ao silêncio sagrado, que pode ser acompanhado por um refrão meditativo ou algum trecho da Sagrada Escritura proclamado na Liturgia da Palavra; *b)* o canto de acolhida do Livro das Sagradas Escrituras, bastante usado nas comunidades e capaz de provocar uma atitude de alerta e exultação para a proclamação das leituras; *c)* as aclamações da oração eucarística, que constituem o jeito mais significativo de o povo participar do grande louvor, da solene ação de graças, da bênção das bênçãos; *d)* e o canto final ou de despedida, culturalmente estabelecido após a fórmula do "Ide em paz e que o Senhor vos acompanhe", com o sentido de um poslúdio para a celebração – notadamente, isso não significa permitir a inserção de qualquer canto que não condiga com a liturgia.

À medida que aprendemos a cantar o rito, nos inserimos mais propriamente na dinâmica da liturgia, fortalecendo a nossa espiritualidade comunitária e aprofundando o nosso contato com o mistério de Deus-amor-comunhão.

Vivência

Refrão orante: "Desde a manhã preparo uma oferenda, e fico, Senhor, à espera do teu sinal. E fico, Senhor, à espera do teu sinal" (ODC, n. 348).

O refrão pode ser repetido várias vezes, enquanto o grupo vai tomando consciência da ação do Espírito Santo e de sua presença atuante. Aos poucos, a repetição vai se adequando ao movimento natural da respiração. Inspira-se o ar com suavidade pelas narinas. Em seguida, expira-se entoando o refrão orante.

Após um breve momento de silêncio, alguém proclama em voz alta os versículos que seguem:

– "Enquanto estavam comendo, Jesus tomou o pão e pronunciou a bênção, partiu-o, deu-o aos discípulos e disse: 'tomai, comei, isto é o meu corpo'. Em seguida, pegou um cálice, deu graças e passou-o a eles, dizendo: 'bebei dele todos, pois este é o meu sangue da nova aliança, que é derramado em favor de muitos, para remissão dos pecados" (Mt 26,26-28).

– "Depois que se sentou à mesa com eles, tomou o pão, pronunciou a bênção, partiu-o e deu a eles. Neste momento, seus olhos se abriram, e eles o reconheceram. Ele, porém, desapareceu da vista deles. Então um disse ao outro: 'não estava ardendo o nosso coração quando ele nos falava pelo caminho e nos explicava as Escrituras?'" (Lc 24,30-32).

"Por meio de Jesus, ofereçamos a Deus um perene sacrifício de louvor, isto é, o fruto dos lábios que celebram o seu nome" (Hb 13,15).

Segue um momento de silêncio.

Repete-se algumas vezes o refrão orante.

Para refletir: O que entendemos por ritos? O que significa cantar o rito? Quais são os cantos que acompanham um rito, e qual rito acompanham? Quais são os cantos que constituem um rito?

Canto final (ODC, n. 78)

Oi! Louvai ao Senhor nosso Deus,
por tudo aquilo que ele nos fez. (bis)

Ele nos reuniu no amor de Cristo
e é sempre fiel a seu povo santo.

Ele nos deu seu próprio Filho
e cumpriu sua palavra de salvação.

Ele está presente em nossa história
e caminha à frente do seu povo em marcha.

Ele nos alimenta em nossa caminhada
e faz da nossa morte, vida e ressurreição.

Cantando a vida

"Quero, pois, vos louvar pela vida
e elevar para vós minhas mãos."
(Sl 62,5)

Celebrar o Mistério da Salvação requer o nosso envolvimento por inteiro. Isso significa que a liturgia que celebramos é viva e dinâmica. Fazemos memória do Senhor Crucificado-Ressuscitado, sendo suas testemunhas vivas no mundo atual. Assim, na medida em que depositamos nossas dores, alegrias, clamores, labutas, conquistas e sonhos no altar da liturgia, celebramos nossa própria vida, consagrada pela vida do Senhor.

Em primeiro lugar, enxerguemos a forte influência da cultura sobre nossas atividades cotidianas. Como exemplo, observemos nossas roupas, nosso modo de pronunciar a língua portuguesa, nossa culinária etc. Todos esses aspectos sugerem a riqueza que nos distingue uns dos outros. Embora formemos, juntos, a grande nação brasileira, o somos cada um a seu modo. Brasileiros do Norte e do Sul, do centro e da periferia, dos campos e das cidades, onde as tradições se integram, num misto de ruralidade e urbanização, modelando o cotidiano das vidas. Nesse sentido, é muito importante o nosso esforço comum em prol de entender e respeitar a sensibilidade das diferentes comunidades; sensibilidade particularmente expressa pelas mais variadas formas de religiosidade.

Como dissemos de início, a liturgia é viva e dinâmica. É celebração da vida de Cristo em nossa vida, em nossa realidade concreta. Daí o fato de existirem celebrações que, apesar de possuírem um mesmo núcleo comum, herdado da tradição eclesial e manifestação da unidade indissolúvel da Igreja, também apresentam as características próprias de cada localidade. Vejam, por exemplo, quantos elementos culturais já estão inseridos em nossas celebrações: as palmas, alguns cantos, como o da preparação das oferendas e o louvor final, a acolhida fraterna por parte do presidente da celebração. Poderíamos enumerar vários outros exemplos que, apesar de nos distinguirem de outras comunidades católicas, da África, da Ásia e do restante do Oriente ou da Europa, por exemplo, não nos excluem de participar da mesma Igreja do Senhor. Celebrar com a vida requer, então, considerar a cultura local. Mas como fazê-lo sem cometer exageros?

Viver a fé não significa reinventá-la. Pelo Batismo fomos recebidos na Igreja, a comunidade dos cristãos. Dela ouvimos a Palavra de Vida e com ela aprendemos a celebrar a fé. Assim sendo, somente após um profundo conhecimento da cultura em que vivemos, bem como do Mistério da Fé que celebramos, poderemos dinamizar a vida litúrgica de nossa comunidade – o que o pós-Concílio chamou de inculturação – sem cairmos em criatividades equivocadas, banalizações ou cerimônias teatralizadas e muito distantes da essencialidade do verdadeiro culto cristão.

No que se refere ao canto litúrgico, a música tradicional brasileira, como expressão de nossa cultura, também é capaz de manifestar nosso louvor, nossa gratidão e nossa súplica ao Divino Autor da vida. Por isso, quando nos referimos ao tema da inculturação, não entendemos a criação de diferentes gêneros de missa: uma sertaneja, outra urbanizada, uma cabocla, outra cigana e assim por diante, como acontece na divisão das artes musicais (sertanejo, *pop*, *rock*...). Não há uma missa "sertaneja" ou "indígena", entendidas como estruturas fixas de celebração, mas um modo "sertanejo" e "indígena" de festejar o mesmo e único mistério de Cristo celebrado por toda Igreja.

Por isso, criar "gêneros enlatados" de missas a serem realizadas em circunstâncias esporádicas significa reduzir o mistério à mera expressão teatral. Significa despojar a Celebração eucarística da plenitude de seu sentido orante (mistagógico), congregacional e litúrgico. Liturgia é, antes de tudo, ação de Deus em nós e para nossa salvação. Não é uma ação meramente nossa, e isso não pode ser esquecido. No ambiente adequado, toda missa é celebração da vida e da fé, levando em conta o contexto, sem enfeites ou acréscimos. A missa é sertaneja quando o sertanejo, por meio da liturgia, oferece o seu louvor a Deus.

Ao longo das últimas décadas, com o propósito de incentivar o diálogo entre liturgia e cultura, encontramos vários repertórios pretensamente litúrgicos, em sua maioria restritos à mera paródia de canções já consagradas pelas culturas locais. Deparamo-nos com a popular *Estrada de Ouro Fino*, adaptada para canto de abertura. O mesmo é realizado com todos os demais cantos do repertório litúrgico, levando ao ambiente da celebração melodias populares como *Asa Branca*, *Tristeza do Jeca*, *Longa estrada da vida* e tantas outras. Em casos como esses, incidimos em graves problemas de ordem teológica, moral, estética e musical.

Além de um problema moral, a *paródia* de canções na liturgia também pode acarretar imputações legais, pois infringe a lei de direitos autorais, qualificando-se como crime de plágio. Mesmo que os verdadeiros autores de determinada melodia permitissem sua utilização em repertórios litúrgicos, o uso de paródias na celebração constitui um grande equívoco musical, pois desconsidera a livre capacidade de produção artística, própria à natureza humana, reduzindo-a à mera repetição de repertórios já consolidados e estimulando a preguiça e a desonestidade artística.

Não por último, lembramos a múltipla influência que a música exerce sobre o ser humano, transportando-o a diferentes situações, trazendo lembranças, sentimentos e demais sensações tanto físicas quanto psíquicas. A execução de melodias populares em ambiente orante dificulta a superação dos limites entre o sagrado e o profano, impedindo um profundo mergulho no mistério celebrado – mistério de Deus em nós.

Para além dos exemplos mencionados é, porém, louvável o surgimento de novos repertórios litúrgicos com estilo mais regional, fugindo, por sua vez, do modelo de paródias, antes tão comum. O esforço desses novos compositores se concentra na elaboração de cantos, letras e melodias, seguindo os critérios litúrgicos e melódicos indicados pelas *Diretrizes para a Música Litúrgica no Brasil* (ver CNBB, Estudos, n. 79). Unidos às características culturais da musicalidade, estão os critérios que definem a função ministerial da música na liturgia, quais sejam: estar intimamente ligada à ação litúrgica a ser realizada, ter texto bíblico ou inspirado na

Bíblia, ter melodia própria, respeitar a sensibilidade religiosa do nosso povo, expressar-se na linguagem verbal e musical, no "jeito" da cultura do povo local, possibilitando uma participação ativa e frutuosa dos fiéis na ação litúrgica e, finalmente, não ser banal, mas artística, bela e profunda (cf. CNBB, Estudos, n. 79).

Com nossa cultura celebremos, pois, a vida e a Sagrada liturgia, sem pôr em risco o conteúdo da fé que também se transmite pela arte. É esse o nosso fraterno desejo. É essa a liturgia que da Igreja recebemos e com ela professamos!

Vivência

Refrão orante: "Tu és o Deus dos pequenos, o Deus humano e sofrido, o Deus das mãos calejadas, o Deus de rosto curtido" (ODC, n. 345).

O refrão pode ser repetido várias vezes, enquanto o grupo vai tomando consciência da ação do Espírito Santo e de sua presença atuante. Aos poucos, a repetição vai se adequando ao movimento natural da respiração. Inspira-se o ar com suavidade pelas narinas. Em seguida, expira-se entoando o refrão orante.

Após um breve momento de silêncio, alguém proclama em voz alta o Salmo que segue:

Sois vós, ó Senhor, o meu Deus!
Desde a aurora ansioso vos busco!
A minha alma tem sede de vós,
minha carne também vos deseja,
como terra sedenta e sem água.
Venho, assim, contemplar-vos no templo,
para ver vossa glória e poder.
Vosso amor vale mais do que a vida:
e por isso meus lábios vos louvam.
Quero, pois vos louvar pela vida,
e elevar para vós minhas mãos!
A minha alma será saciada,
como em grande banquete de festa;
cantará a alegria em meus lábios,
ao cantar para vós meu louvor! (Sl 62,2-6).

Segue um momento de silêncio.

Repete-se algumas vezes o refrão orante.

Para refletir: O que pensamos a respeito de liturgia e cultura? Em nossas liturgias, temos conseguido celebrar a nossa vida, iluminada pela vida de Cristo? Nosso canto e nossa música respeitam a sensibilidade das culturas locais? Como articular as características musicais de nossa região e a liturgia que celebramos?

Canto final (ODC, n. 72)

Um pouco além do presente,
alegre, o futuro anuncia
a fuga das sombras da noite,
a luz de um bem novo dia.

Venha teu Reino, Senhor!
A festa da vida recria!
A nossa espera e a dor transforma em plena alegria! (bis)
Aiê, eia, aiê, ae, ae.

Botão de esperança se abre,
prenúncio da flor que se faz.
Promessa de tua presença
que a vida abundante nos traz.

O que cantar?

Neste breve livreto, entre os elementos que integram a liturgia que celebramos, dedicamos especial atenção à música. Pela música expressamos nossa gratidão ao Deus que nos chamou à vida e nos convidou a tomar parte em sua família, a família cristã. Nesse pequeno texto, apontamos características de alguns dos cantos que compõem nossas celebrações.

Canto de abertura/entrada: é papel do canto de abertura introduzir a assembleia no mistério celebrado, tornando-se o elo entre a vida cotidiana e seu rompimento na Celebração litúrgica, fonte e ápice da vida cristã. Por isso seu caráter vibrante e, preferencialmente, de fácil recitação por parte de todos. Privilegiem-se as composições inspiradas na Palavra de Deus, dando prioridade ao aspecto comunitário da celebração e à centralidade do Mistério Pascal de Cristo.

Ato penitencial (*Kyrie*): quando cantado, o ato penitencial se subdivide em dois momentos, a saber: a primeira parte, constituída de invocações a Cristo, e a litania pós-penitencial, representada pela antífona: "Senhor, tende piedade de nós!" (*Kyrie eleison*). O acento aqui deve ser posto sobre a misericórdia divina. A centralidade do ato penitencial não é o pecado ou o pecador, mas a graça de Deus que, em sua misericórdia, está sempre disposto a nos acolher. Jamais se substitua o canto do ato penitencial por outras músicas de conteúdo punitivo ou sentimentalista, que diminuem o valor do ser humano e da criação. O mais seguro é ater-se às três fórmulas propostas pelo Missal Romano, sendo que a terceira apresenta opções diversificadas para cada tempo do ano litúrgico.

Glória: seguindo a antiquíssima tradição, dá-se prioridade à letra canônica do *Glória*, resgatada pelos compositores dos últimos tempos. Evitem-se, portanto, os chamados "glorinhas", que se resumem a louvações trinitárias simplificadas, ou mesmo os "louvores" que retratam toda a natureza e a vida, mas que em nada se referem ao teor desse hino cristológico. Como o ato penitencial, trata-se de um canto ritual, ou seja, sua letra constitui o próprio rito celebrado e, por isso, deve ser executado de modo pleno e jamais pela metade. Priorize-se a letra oficial do Missal Romano, dando-lhe o destaque necessário. Os instrumentos e as palmas jamais devem sobrepor-se às vozes, que unidas em louvor e súplica confessam sua gratidão a Cristo, com o Pai e o Espírito.

Salmo responsorial: praticamente todos os salmos foram compostos para serem cantados. Por isso sua métrica regular e distribuição em versos e estrofes. São poemas de louvor, aclamação e súplica ao Deus da vida, que acompanha seu povo. Possui um papel fundamental na Liturgia da Palavra, sendo Palavra de Deus aclamada pela assembleia. Jamais deve ser substituído por outro canto supostamente equivalente. Priorize-se a letra do Lecionário e, sempre que possível, que haja alternância entre o salmista e a comunidade.

Aclamação: aqui se dá prioridade ao canto do *aleluia*, que em hebraico significa: "louvai a Deus!" O *aleluia* é omitido apenas no período da Quaresma, para que sua ênfase seja retomada no período pascal. É um dos grandes símbolos do Mistério Pascal. A comunidade, em pé, entoa o *aleluia* e ouve a antífona proclamada pelo solista, respondendo-lhe com novo *aleluia*. Não é aconselhável substituir o *aleluia* por algum outro canto que se refira à Bíblia ou à Palavra de Deus.

Canto de preparação das oferendas: trata-se de um canto suplementar cuja execução consolidou-se como um costume entre nós. Recomenda-se algo coerente com o andamento da celebração, ou seja, com sua temática específica ou com o tempo litúrgico vivenciado. Valeria a pena investir em composições que realcem o texto do "oferecimento dos dons", oração realizada pelo presidente enquanto prepara o pão e o vinho. Quando o ministro ordenado lê as estrofes, a comunidade responde entoando o refrão: "Bendito seja Deus para sempre!",

Santo: o canto do *Santo* corresponde a mais um momento ritual, sendo sua letra o próprio rito em questão. Conserve-se o texto oficial do Missal Romano, literalmente bíblico, dando-lhe liberdade de expressão nas variadas melodias. Evitem-se composições com textos alternativos, que desviam a centralidade do louvor ao Pai por nos ter concedido celebrar tão precioso mistério de amor, bem como as que fazem referência usando a terceira pessoa ("Santo *é* o Senhor", enquanto o correto seria "Santo, Senhor" ou "Santo sois, Senhor"), deixando de lado o caráter eminentemente dialogal de toda a Oração eucarística – da qual o Santo é parte constitutiva.

Amém: o amém à doxologia final, ou seja, ao "Por Cristo, com Cristo e em Cristo…" corresponde a mais um momento cantado da celebração, em especial nos domingos, festas e solenidades. Também é chamado de *o grande amém*, sendo a confissão de fé e o grande comprometimento de toda a assembleia com relação a tudo o que foi realizado desde o início da liturgia eucarística.

Canto de comunhão: a festa do banquete de Cristo deve ser celebrada em comunidade. Tal comunhão vital – de todos entre si e com Cristo feito alimento – evidencia-se mais fortemente por meio do canto. Este, por sua natureza, tem o papel de realçar a unidade interna da celebração, evidenciando a íntima relação entre a mesa da Palavra e a mesa da Eucaristia, ambas constituintes do único mistério celebrado. Daí a importância de que sua letra faça menção ao que foi o tema central da Liturgia da Palavra. Enquanto caminha rumo à comunhão, a assembleia canta e medita, fortalecida pelo alimento espiritual. Não se trata de um momento subjetivo ou intimista, mas comum a todos os que juntos celebram ação de graças a Deus que se oferece como alimento: Palavra e Eucaristia. Evitem-se os cantos com letras sentimentalistas e/ou individualistas e destaque-se o caráter comum da celebração.

Canto final/saideira: concluída a celebração, o canto final atua como um poslúdio, ou seja, como o elo entre a sacralidade da celebração e a realidade cotidiana da comunidade. Também possui forte caráter de motivação rumo à missão que na missa recebemos. Para esse momento há maior liberdade na escolha do canto, que pode ser substituído por uma peça instrumental ou um solo do coral – cabendo sempre o bom senso por parte dos ministérios de música. Isso porque a celebração propriamente dita se encerra com a bênção final e o envio. Em algumas regiões do Brasil, chamam-no de "saideira", o que é muito oportuno já que se trata de um canto de saída.

Além do que mencionamos acima, toda a celebração poderia ser cantada, incluindo as saudações e os diálogos do presidente com a comunidade, as leituras bíblicas, a resposta à oração dos fiéis, o Credo, a Oração eucarística, com o seu prefácio, o Pai-Nosso, a bênção final e o envio. Conhecendo melhor a estrutura da liturgia que celebramos, de igual modo maiores se tornam nossas condições de celebrar de modo *ativo* e *convicto*.

Que o louvor de Deus seja o nosso maior propósito; que o canto na liturgia colabore em nossa união com Deus, a fonte e o ápice de nosso cantar; e que todos nós, cantores, instrumentistas e animadores litúrgicos, cantando com os lábios o que experimentamos em nosso coração, colaboremos na construção de um Reino de unidade e amor.

Resumindo...

- A liturgia é, antes de tudo, celebração do Mistério Pascal de Cristo. Desse modo, também os cantos devem apontar para essa centralidade.

- O canto litúrgico é uma das principais expressões da participação da assembleia. Para isso, é necessário que animadores, cantores, salmistas e instrumentistas reconheçam seu papel pedagógico/mistagógico de apenas sustentar e conduzir a comunidade rumo a uma participação plena, ativa e frutuosa nos cantos. Isso exigirá uma suficiente formação litúrgica, musical e mística dos que se dispõem ao exercício desses ministérios.

- Como privilegiadas formas de expressão da assembleia, o canto e a música devem estar em sintonia com o mistério celebrado, levando em conta sua adequação aos diferentes ritos desenvolvidos na celebração, bem como sua articulação com o ano litúrgico, de maneira geral, o caráter eminentemente comunitário da liturgia e a Palavra de Deus como fonte de inspiração para as novas composições.

- Devem ser evitados cantos com teor ideológico, excessivamente doutrinário, político-partidário, sentimentalista ou exclusivo de determinado grupo eclesial. A Celebração eucarística é celebração de toda a comunidade e não está sujeita ao monopólio desse ou daquele grupo. Em se tratando do ordinário da missa – partes fixas –, os textos litúrgicos devem ser respeitados, mesmo quando cantados. O mesmo se aplica ao Salmo responsorial e às demais orações bíblicas dispostas ao longo da celebração.

Impresso na gráfica da
Pia Sociedade Filhas de São Paulo
Via Raposo Tavares, km 19,145
05577-300 - São Paulo, SP - Brasil - 2018